Bibliografische Information der Deutschen Bibliothek
Die Deutsche Bibliothek verzeichnet diese Publikation
in der Deutschen Nationalbibliografie;
detaillierte bibliografische Daten sind im Internet
über http://dnb.ddb.de abrufbar.

Redaktionelle Leitung: Katja Schüler, Eva Schill
Lektorat: Sophia Marzolff
Herstellung: Claudia Rönsch
Layout: Michelle Vollmer, Mainz
Satz: Cornelia Rößler, Mainz
Umschlaggestaltung: Mischa Acker
Druck und Bindung: sachsendruck GmbH, Plauen
Printed in Germany
ISBN 3-411-70786-0

Lesedetektive

Die Prinzessin im Supermarkt

Sabine Rahn
mit Bildern von Barbara Scholz

Dudenverlag
Mannheim · Leipzig · Wien · Zürich

Manchmal findet Serafina
es ziemlich lästig,
eine Prinzessin zu sein.
Immer muss sie Lackschuhe tragen.
Immer muss sie
saubere Fingernägel haben.
Alles, was Spaß macht, ist verboten.
Sie darf nicht einmal
alleine in den Supermarkt.

Heute will Prinzessin Serafina
sich nur einen Lolli kaufen.
Da kommt natürlich gleich
wieder der halbe Hofstaat mit.
Der Finanzminister kommt mit,
weil er die königliche Geldbörse trägt.
Zwei Hofdamen kommen mit,
weil sie Serafina
beim Aussuchen helfen wollen.
Und zehn starke Männer kommen mit,
weil sie die Einkäufe
nach Hause tragen sollen.

Leider sind die Hofdamen
viel zu gut im Aussuchen.
Ständig naschen und futtern sie.
Und von allem, was ihnen
besonders gut schmeckt,
legen sie auch noch eine Packung
in den Einkaufswagen.
Der Finanzminister läuft nebenher
und rechnet.

Bald sind alle Einkaufswagen
voll bis oben hin.
Nichts passt mehr rein.
Nicht einmal Serafinas Lolli.
Die starken Männer
packen alles ein.
Zum Schluss können sie
die vielen Tüten kaum tragen.

1. Fall: Wie viele starke Männer begleiten Serafina bei ihrem Einkauf?

drei

Der Finanzminister
schaut missbilligend
auf den Lolli in Serafinas Hand.
„Es gehört sich nicht,
dass eine Prinzessin
ihre Einkäufe selbst trägt!“,
sagt der Finanzminister.
„Du musst den Lolli zurücklegen.“
„Aber …“, widerspricht Serafina.
„Kein aber!“,
sagt der Finanzminister.

fünf

zehn

Serafina ist sauer.
So ist das jedes Mal:
Sie geht einkaufen.
Aber am Ende ist sie die Einzige,
die mit leeren Händen dasteht.

Doch heute hat Serafina
die Nase endgültig voll.
Heute wird sie
noch mal alleine losgehen.
Verkleidet natürlich,
damit der Finanzminister
nichts merkt.

Serafina legt ihre Krone
in eine Schublade.
Sie stopft ihre blonden Locken
unter eine Mütze.
Sie tauscht das Prinzessinnenkleid
gegen Jeans und Pullover ein
und zieht Turnschuhe an.
Dann geht sie los.

Jetzt erkennt ganz bestimmt
keiner mehr,
dass sie eine Prinzessin ist.

2. Fall: Wohin hat Serafina ihre Krone gelegt?

in die Schublade

Endlich kann Serafina
mal rennen und hüpfen,
durch Pfützen stapfen
und über Zäune klettern.
Endlich sagt mal niemand:
„Aber Serafina,
das gehört sich doch nicht
für eine Prinzessin!“

auf den Schrank

unters Bett

Vom Klettern und Rennen
bekommt Serafina Hunger und Durst.
Zum Glück gibt es im Supermarkt alles,
was das Herz begehrt.

Zuerst geht Serafina zum Kühlregal.
Sie nimmt sich einen Becher Kakao
und trinkt ihn aus.
Hmm, das tut gut!
Den leeren Becher
stellt sie ordentlich
in das Regal mit den Nudeln.

In der Obstabteilung
nascht sie ein paar Weintrauben.
Dann nimmt sie sich
noch einen Apfel mit
und schlendert weiter.

Unterwegs probiert sie
hier ein paar Oliven.
Dort steckt sie sich
ein paar Gummibärchen
in den Mund.
Das ist eine wirklich
königliche Mischung,
findet Serafina.

„Alleine einkaufen zu gehen
ist echt prima!“,
denkt die Prinzessin.

Da tippt ihr jemand
von hinten auf die Schulter.
Es ist Herr Tott, der Detektiv.

Er macht ein ganz grimmiges Gesicht.
In der einen Hand
hält er den Rest des Apfels,
den Serafina eben ganz ordentlich
auf eine Dose Erbsen gelegt hat.
In der anderen Hand hat er
den leeren Kakaobecher.

„Habt ihr zu Hause
keine Abfalleimer?“,
fragt der Detektiv entrüstet.
Serafina überlegt.
Sie hat im Schloss noch nie
einen Abfalleimer gesehen.
Also schüttelt sie den Kopf.
„Nein, haben wir nicht“,
antwortet sie höflich.

Der Detektiv läuft rot an vor Wut.
„Du unverschämte Göre!“,
schreit Herr Tott empört.
„Du verteilst im ganzen Supermarkt
deinen Müll!
Du lügst mich an!
Du gibst freche Antworten!
Und du isst Gummibärchen,
die dir nicht gehören!
Aber jetzt ist Schluss!
Du wirst das alles bezahlen!“

Die Prinzessin fasst mit der Hand
in ihre Hosentasche.
Sie findet:
ein Taschentuch,
zwei runde Kieselsteine
und einen Kaugummi.
Aber sie findet
keine einzige Münze!
„O je!“, denkt Serafina.
„Ich habe ja gar kein Geld dabei!“

3. Fall: Wer bezahlt normalerweise Serafinas Einkäufe?

ihr Vater

An Geld hat Serafina
wirklich nicht gedacht.
Sonst hat ja der Finanzminister
immer alles bezahlt.
Aber jetzt ist
die Prinzessin alleine.

Als der Detektiv sieht,
dass sie kein Geld hat,
grinst er spöttisch.
„Dann musst du wohl
ins Gefängnis!“, sagt er.
„Wer klaut,
wird eingesperrt!“

Da vergisst Serafina,
dass sie als Prinzessin
immer höflich sein soll.
„Ich habe nicht geklaut,
sondern eingekauft!
Außerdem müssen Kinder nicht
ins Gefängnis!“,
erklärt sie – aber so laut,
als wäre der Detektiv schwerhörig.
„Müssen sie doch!“,
schreit der Detektiv zurück.
„Müssen sie nicht!“, ruft Serafina.
„Das wirst du gleich sehen!“,
droht der Detektiv.

Da hat Serafina zum Glück eine Idee.
„Kennen Sie denn nicht
den Tagesbefehl der Prinzessin?“,
fragt sie.
Der Detektiv schüttelt den Kopf.

4. Fall: Wohin will der Detektiv Serafina schicken?

nach Hause

„Prinzessin Serafina hat befohlen,
dass heute in diesem Supermarkt
für jeden alles umsonst ist“,
sagt die Prinzessin.
„Das ist gelogen!“,
schreit der Detektiv.
„Nein, es stimmt!“,
sagt eine Stimme hinter Serafina.
„Ich habe diesen Befehl
von der Prinzessin selbst gehört.“

ins Gefängnis

zum Geschirrspülen

Es ist der Finanzminister.
Erleichtert läuft Serafina zu ihm hin.
So sehr hat sie sich
noch nie gefreut,
den strengen Mann zu sehen.
„Herr Minister!“,
ruft der Detektiv überrascht.
Er verbeugt sich tief.

„Ich wollte etwas holen,
das wir vorhin
nicht mitnehmen konnten“,
sagt der Finanzminister.
„Den Lolli für die Prinzessin!“
Er zwinkert Serafina zu.

„Und nicht vergessen,
Herr Detektiv“,
sagt der Finanzminister.
„Heute ist für jeden,
der hier einkauft,
alles umsonst!
Die Rechnung dürfen Sie
an mich ins Schloss schicken.“
Dann reicht der Minister
Serafina seinen Arm.
„Wollen wir gehen, Prinzessin?“,
fragt er.

5. Fall: Wie heißt der Tagesbefehl der Prinzessin?

freier
Einkauf
für alle

„Das soll unsere Prinzessin sein?“,
ruft der Detektiv und deutet
spöttisch auf Serafina.
„Nie und nimmer!
Eine echte Prinzessin hat niemals
so schmutzige Schuhe an!
Eine echte Prinzessin trägt
Prinzessinnenkleider.
Und sie hat natürlich
eine Krone auf dem Kopf!“

freies
Mittagessen

freier
Kinobesuch

„Eine echte Prinzessin
bleibt eine echte Prinzessin“,
sagt Serafina würdevoll.
„Ob mit oder ohne Krone!“
„Aber …“, sagt Herr Tott.
„Kein aber!“, sagt Prinzessin Serafina
und wendet sich ab.

Der Finanzminister hustet,
aber es klingt fast
wie ein unterdrücktes Lachen.

„Gehen wir?“,
fragt Serafina den Finanzminister.
Der Minister nickt dem
verdutzten Detektiv freundlich zu.
Serafina hakt sich
beim Finanzminister unter.

Zusammen gehen sie
zurück zum Schloss.
Manchmal ist es doch ganz schön,
eine Prinzessin zu sein,
findet Serafina.

Was sagst du dazu?

Wie kommt es, dass der Finanzminister seine Meinung geändert hat?

Schreibe deine Idee dazu auf und schicke sie uns!
Als Dankeschön verlosen wir unter den Einsendern zweimal jährlich tolle Buchpreise aus unserem aktuellen Programm!

Gefunden!
Knote den Streifen einfach
an das Lesebändchen an
und fertig ist deine Fingerabdruckkartei
für die Detektivfälle!
Für jeden Fall im Buch gibt es einen
Fingerabdruck in deiner Kartei. Diesen
Abdruck findest du bei der richtigen
Antwort im Buch wieder.